QUÉBEC

ET SES MERVEILLES

KEDL

TEXTES : DENIS ANGERS

Français – Anglais

DU MÊME AUTEUR

La Basilique de Sainte-Anne de Beaupré (1984)

Québec par Kedl (1985)

Images Inuit du Nouveau-Québec (1988)

Hommage au Québec (1988)

La Gaspésie (1994)

La Côte-Nord (1997)

Le Cœur du Québec / Mauricie (1998)

La côte de Beaupré / île d'Orléans (1999)

Le Canada en mille images (1999)

Québec (2000)

Le Parlement en lumière (2001)

La Côte-du-Sud (2003)

Lévis (2007)

QUÉBEC

ET SES MERVEILLES

KEDL

TEXTES : DENIS ANGERS

Français – Anglais

ANNE SIGIER

1073, boul. René-Lévesque Ouest • Québec Canada • G1S 4R5 • (418) 687-6086

Eugen Kedl est fier de présenter quelques photos de son fils André :

pages 16, 29, 58, 59

Graphisme et mise en pages : **Marie-Isabelle Morais**

assistée de **Bénédicte Lasselin** et de **Robert Charbonneau**

Révision : **Jean-Pierre Côté**

Traduction : ***Anglocom,* Ken Howe**

Dépôt légal : Bibliothèque et Archives nationales du Québec, 2008
Bibliothèque et Archives Canada, 2008

ISBN 978-2-89129-547-5

Imprimé au Canada

Diffusion et distribution :
Canada : Messageries ADP — France : AVM Diffusion
Belgique : Alliance Services — Suisse : Albert le Grand

www.annesigier.qc.ca

• Nous reconnaissons l'aide financière du gouvernement du Canada par l'entremise du Programme d'aide au développement de l'industrie de l'édition pour nos activités d'édition consacrées à la publication des ouvrages reconnus admissibles par le ministère du Patrimoine canadien.

• Nous remercions le gouvernement du Québec (SODEC) de son appui financier.

À mon épouse, Gretl
à mes enfants Margarete, Evelyn,
Richard et André
et à mes six petits-enfants

Place-Royale à la nuitée

Berceau de la Nouvelle-France, maison-mère du Québec et de la société francophone d'Amérique : Place-Royale où trône, comme un joyau dans son écrin, l'église Notre-Dame-des-Victoires, érigée en 1688. L'entourent des maisons reconstruites à la manière de 1740 et *La fresque des Québécois,* où se révèlent les personnages les plus importants de l'histoire québécoise.

À mon épouse, Gretl
à mes enfants Margarete, Evelyn,
Richard et André
et à mes six petits-enfants

Mot de l'éditeur

Québec, mars 2008

Il y a quelques semaines, Eugen Kedl nous confiait ses photos en disant : « Pour le 400e de Québec, j'aimerais que mon livre soit un hommage à la ville, qu'il soit le plus beau pour la fierté de tous ! »

Nous avons écouté ce souhait et nous sommes heureux d'offrir à nos lecteurs, à nos amis :

Québec et ses merveilles

Merci à Eugen Kedl pour sa confiance, pour son talent, pour la beauté partagée.

Merci à Denis Angers pour les textes offerts et si bellement exprimés.

Anne Sigier

Place-Royale à la nuitée

Berceau de la Nouvelle-France, maison-mère du Québec et de la société francophone d'Amérique: Place-Royale où trône, comme un joyau dans son écrin, l'église Notre-Dame-des-Victoires, érigée en 1688. L'entourent des maisons reconstruites à la manière de 1740 et *La fresque des Québécois,* où se révèlent les personnages les plus importants de l'histoire québécoise.

Découvrir la capitale nationale

Hommage des maires de Québec à Eugen Kedl

Gilles Lamontagne

Maire de Québec, 1965-1977

Monsieur Eugen Kedl est ce photographe émérite dont la compétence et le talent ont mis en valeur les beautés de Québec, cette ville qu'il a profondément aimée.

Le charme de Québec et l'accueil chaleureux de ses habitants ont su séduire Eugen Kedl, qui s'est facilement intégré à la vie et au climat de ce pays.

Québec vous aime, Monsieur Kedl.

Jean Pelletier

Maire de Québec, 1977-1989

Je connais Eugen Kedl depuis presque cinquante ans.

Il est arrivé ici, à Québec, de son Autriche natale, au milieu des années cinquante, avec son grand sourire, son humour si particulier, sa joie de vivre, son enthousiasme, son désir d'être et de créer, son regard de lynx et son immense talent !

Et depuis, quelle contribution humaine, artistique et professionnelle à notre ville !

Que de merveilleuses choses de chez nous il a fait découvrir à nos yeux endormis !

Eugen Kedl, un homme magnifique, un photographe exceptionnel.
Gretl, son admirable épouse et fidèle complice.

Avec amitié et reconnaissance, je vous salue.

Jean-Paul L'Allier

Maire de Québec, 1989-2005

Des yeux de feu, des yeux joyeux, des yeux francs, capables de voir le beau dans l'ordinaire. Kedl est notre mémoire visuelle et les belles photos sont sa façon de dire son attachement au pays qu'il a choisi, à sa ville et à ses gens.

La perspicacité de son regard à travers la lentille nous rend fiers et attentifs à toutes ces réalités trop facilement effacées par la routine.

Je veux le remercier de partager encore une fois, par cette édition exceptionnelle, son magnifique talent de généreux observateur.

Régis Labeaume

Maire de Québec, 2007…

Monsieur Eugen Kedl aime Québec. Chacune de ses photographies en témoigne.

Nous ne pouvons que nous réjouir que cette belle histoire d'amour entre Québec et la photographie ait produit autant de fruits. Pour souligner son talent et son travail exceptionnels, Madame Andrée P. Boucher lui a décerné la médaille de la Ville de Québec le 3 juillet 2007.

Une ville a besoin d'hommes comme lui, qui savent apprécier leur milieu de vie et partager leur passion. On envie le regard du photographe qui sait voir ces détails et apprécier ces paysages que nous ne prenons pas toujours le temps d'admirer.

Je dis « merci » à ce grand Québécois, en mon nom et en celui de tous ceux et celles qui admirent son œuvre.

Le Château Frontenac

L'hôtel le plus photographié au monde, le Château Frontenac, construit à partir de 1892. Au fil des ans, il a hébergé des célébrités, a accueilli les conférences de 1943 et 1944 au cours desquelles le président Franklin D. Roosevelt et le premier ministre Winston S. Churchill ont déterminé l'issue de la Deuxième Guerre mondiale, et a reçu les quarante-cinq membres des Nations Unies qui y tinrent l'assemblée inaugurale de la FAO *(Food and Agriculture Organization)* le 16 octobre 1945. Depuis le 1er janvier 2000, le Château Frontenac en lumière est devenu le fleuron du panorama nocturne de la capitale.

La belle de Tourny

Le nom de la famille Simons est indissociable du commerce à Québec depuis 1840. Désormais, il sera aussi accolé au premier des héritages liés au quatre centième anniversaire de la ville grâce à ce don : la fontaine de Tourny, grand œuvre du sculpteur et fondeur Mathurin Moreau. Elle est tout à la fois le symbole de l'amitié entre Québec et Bordeaux, le témoignage d'un mécénat exemplaire et le parachèvement du programme de travaux qui, sous l'égide de la Commission de la capitale nationale du Québec, a métamorphosé la place de l'Assemblée-Nationale. Installée au cœur de cet espace public, la fontaine a reçu une deuxième vie et s'est parfaitement fondue dans le paysage hivernal de l'Hôtel du Parlement, achevé en 1885 selon les plans d'Eugène-Étienne Taché, qui s'est inspiré des palais du Louvre et des Tuileries.

De la Gironde au Saint-Laurent

La fontaine de Tourny est vite devenue le nouveau rendez-vous des amoureux de Québec. Jadis installée à Bordeaux, ville jumelle de Québec, la fontaine, avec ses allégories, rappelle le grand fleuve et ses affluents, unissant en quelque sorte la Gironde au Saint-Laurent, le vieux pays au nouveau.

Jusqu'à la table du gouverneur

Autrefois, les gouverneurs de la Nouvelle-France faisaient pousser ici leurs légumes, dans ce qui fut probablement le plus ancien potager d'Amérique du Nord. Depuis, le jardin des Gouverneurs demeure une oasis de verdure au pied du Château Frontenac. On peut y voir le plus vieux monument de Québec, celui qui rappelle que Montcalm et Wolfe partagèrent le même destin et la même stèle.

La rue Saint-Denis sous le glacis

À l'arrière du Château Frontenac, sous le glacis de la Citadelle, s'allonge la rue Saint-Denis, voie de briques et de pierres où se démarque le bel immeuble qui abritait autrefois le Conservatoire de Québec.

MATION TOURISTIQUE

L'UNESCO, L'Union, Le Normandie...

Depuis 1986, cette œuvre d'art public rappelle que Québec est inscrite parmi la liste des sites du patrimoine mondial de l'UNESCO. À l'arrière, le grand immeuble blanc surmonté de vert, c'est l'ex-hôtel Union devenu Normandie, où étaient logés les représentants de la presse internationale durant les conférences de Québec de 1943 et 1944.

Édimbourg sur Saint-Laurent

Au XIXe siècle, le cœur de Québec bat surtout à l'écossaise. Gens de commerce et d'entreprise, les Écossais introduisent ici leur manière de construire et d'occuper le territoire, comme sur la rue d'Auteuil avec ses bâtiments d'habitation dits *terraces,* souvent faits de briques savamment alignées et joliment peintes.

Le palais épiscopal : quatre cents ans de foi

Dès le printemps, les calèches sillonnent le paysage de Québec. Celle-ci passe devant la façade du palais épiscopal, où habite toujours l'archevêque de Québec et d'où émanaient jadis les directives régissant un diocèse d'une ampleur jamais vue qui s'étendait des bayous de la Louisiane jusqu'aux brumes de Terre-Neuve.

Le bel escalier de ces Messieurs du Séminaire

Datant de la fin du XIXe siècle, cet ensemble monumental est l'un des plus beaux ouvrages qui soient. L'escalier de fonte se déroule sur cinq étages, à l'intérieur de la résidence des prêtres du Séminaire de Québec.

La flotte mouille au bassin Louise

La haute-ville ancienne vue du bassin Louise, où s'abritent dès la fin de mai 300 embarcations de plaisance. Sur la falaise, on note l'immeuble original de la première université francophone d'Amérique, le Château Frontenac et les clochers si typiques de la capitale.

Le Musée de la civilisation

Œuvre du célèbre architecte Moshe Safdie, le très contemporain Musée de la civilisation contraste avec le séculaire bâtiment de l'ancienne Université Laval. Voici une image qui fait voyager de haut en bas et d'hier à demain.

VIA
VIA Rail Canada

La gare du Palais

Québec allie modernité et pittoresque historique, comme sur la nouvelle place de la Gare qu'embellit la fontaine monumentale de Charles Daudelin. Elle mène à l'entrée ferroviaire de Québec : la gare du Palais.

Des voûtes faites pour l'éternité

Elles construisaient solide, les Augustines du XVIIe siècle. Ces piliers massifs, ce sont les fondations de leur monastère: des fondations lourdes, imposantes, faites pour durer éternellement… si Dieu le veut!

Entrez par en haut

La plus pittoresque de Québec, la rue Sous-le-Cap serpente le long de la falaise. Toute une série de petits bâtiments y servent d'antichambres aux entrées qui, souverainement originales, mènent à des passerelles conduisant aux immeubles d'habitation. Cette disposition unique en Amérique rappelle que les grandes marées du printemps et de l'automne faisaient monter les eaux du Saint-Laurent jusqu'aux maisons construites sur la rue Sault-au-Matelot, les rendant inhabitables.

Arnold affronte Carleton

Ici s'est joué le sort de l'Amérique dans la nuit du 31 décembre 1775, alors que le colonel Benedict Arnold et ses rebelles américains veulent se saisir de Québec. Nous sommes à l'intersection de la rue Saint-Pierre et de la rue de la Barricade, devant l'ancien bureau de poste… Au terme d'une mêlée durant laquelle leur commandant est blessé à la jambe, les Américains sont repoussés par les Britanniques commandés par Guy Carleton et soutenus par les miliciens de Québec.

Les Artistes de la Table
ATELIER DE CUISINE & DE DECORATION

Rue Saint-Pierre, centre financier

Québec, ville de joie, ville de foi, ville d'affaires… La rue Saint-Pierre était, au XIXe siècle, la Wall Street du Canada. Aujourd'hui encore, les colonnades et les façades majestueuses perpétuent le souvenir de l'opulence des banquiers de jadis qui souhaitaient, par cette architecture prestigieuse, convaincre leurs éventuels clients de la prospérité de leurs affaires.

Le musée du Bon-Pasteur

Port de mer, ville militaire, capitale du Canada en alternance avec Toronto, Québec était une ville de plaisirs au XIXe siècle, à tel point que les Sœurs du Bon-Pasteur construisirent, pour accueillir les jeunes femmes séduites et abandonnées, cet hospice devenu aujourd'hui musée.

Couillard
Musée
Bon-Pasteur

L’immeuble Saint-Laurent

Tout en haut de l’escalier Frontenac se dresse le dôme du bureau de poste, œuvre ultime de l’incontournable Eugène-Étienne Taché. Devant l’immeuble construit le long du passage du Chien-d’Or trône le monument au fondateur de l’Église canadienne, Mgr François de Montmorency-Laval, inauguré en 1908, lors du 300e anniversaire de Québec.

La vivrière

Tout au bout de la rue Saint-Paul, un temple de la finance devenu banque d’art. Au premier plan, *La vivrière,* une très belle statue qui domine la place consacrée à l’Organisation de l’agriculture et de l’alimentation, créée à Québec juste après la Deuxième Guerre mondiale.

LA BANQUE D'ART

La porte Saint-Louis, legs de Dufferin

La Grande Allée, voie royale de la capitale. À son extrémité est, la porte Saint-Louis, évocation de l'ancienne fortification de Québec, fut construite à la fin du XIXe siècle. Elle demeure en quelque sorte le legs à sa capitale de lord Dufferin, celui qui sauva en son temps les murailles de la ville.

Le coin romantique

Une calèche dans l'attente de touristes qui ne demandent pas mieux que d'être ravis, le Club de la Garnison, où venaient autrefois deviser les militaires cantonnés à la Citadelle, la porte Saint-Louis… Rarement Québec apparaît-elle plus romantique qu'à cette intersection des rues d'Auteuil et Saint-Louis.

Le jardin du nouveau Saint-Roch

Le quartier Saint-Roch est devenu ces dix dernières années un modèle de revitalisation urbaine. L'aménagement de ce jardin Saint-Roch, dont la beauté a convaincu l'Université du Québec d'ériger tout autour ses bâtiments administratifs et ses pavillons d'enseignement, a marqué le coup d'envoi de ce renouveau.

L'ancien Jeffery Hale

Hors les murs, le complexe de briques rouges de l'ancien hôpital Jeffery Hale. C'est ici qu'en 1928 le vainqueur de l'Atlantique, l'aviateur Charles Lindberg, tenta, en vain hélas ! de sauver la vie de son ami Floyd Bennett en lui procurant un nouveau sérum, développé par la célèbre clinique Mayo, qu'il avait apporté par avion jusque sur les plaines d'Abraham.

René-Lévesque, la balafre guérie

Québec se refait et se redéploie du nord au sud, de l'est à l'ouest. La perspective sur le nouveau boulevard René-Lévesque fait oublier ce qui était, il y a dix ans encore, une sinistre autoroute, balafre urbaine aux abords du quartier historique.

La Gibraltar d'Amérique

Québec fut longtemps surnommée la « Gibraltar d'Amérique », comme l'avait écrit Charles Dickens. Cet imprenable éperon rocheux fut couronné d'une citadelle en étoile au XIXe siècle. Curieusement, elle est conçue pour repousser tout aussi bien l'envahisseur américain venu de l'extérieur que l'insurgé *canayen* menaçant de l'intérieur.

Québec vue du ciel

Québec contemplée du ciel. À l'avant-plan, on reconnaît l'immeuble original de l'Université Laval et le complexe du Séminaire. Plus loin, sur la gauche, le Château Frontenac et, vers le haut à droite, l'immeuble Price, le seul gratte-ciel admis en 1929 dans le saint des saints du Vieux-Québec.

À la
pénèt
assou

Chez les « robes noires »

Missionnaires enthousiastes, scientifiques et pédagogues, les Jésuites sont au cœur de la petite enfance de Québec. Ici, dans la réduction de Sillery, ils vont reproduire leurs expériences d'intégration de l'Amérique du Sud et accueillir les réfugiés Hurons victimes des calamités de 1645. Leur maison témoigne de l'engagement exceptionnel de ceux que les Amérindiens surnommaient les « robes noires », par contraste avec les soutanes brunes de leurs collègues Récollets.

Les cuisines de Monseigneur de Laval

Parmi les bâtisseurs de la colonie, les Messieurs du Séminaire, depuis 1635, ont poursuivi l'œuvre d'enseignement des Jésuites. Les entrailles du vieux séminaire recèlent ces cuisines, dites de Monseigneur de Laval. Elles ont abrité plus d'une fois les habitants de Québec bombardés par les flottes des amiraux Phipps, en 1690, et Saunders, en 1759.

De la belle ouvrage

Partout, dans Québec en Nouvelle-France, les moellons des murs sont recouverts de crépi et de chaux. Les poutres de pin sont costaudes, à la dimension du pays à construire. C'est de la belle ouvrage d'artisans anonymes parce qu'oubliés depuis longtemps. Voici l'escalier principal du monastère des Augustines hospitalières, en la basse-ville de Québec.

Le couloir des Augustines

Debout dans un corridor d'une austère beauté, une des dernières augustines hospitalières, un livre de piété à la main : une vie de dévouement auprès des malades.

La plus ancienne porte

Cette porte de pin est la plus vieille de toutes celles qui ont survécu aux cataclysmes et qui, aujourd'hui encore, pivotent sur les gonds des bâtiments patrimoniaux de l'Hôtel-Dieu de Québec.

Kabir Kouba retourne à la nature

Les Hurons l'appellent *Kabir Kouba,* les colons français l'ont baptisée Saint-Charles… Cette rivière sinuait jadis vers l'arrière-pays de Québec. Au fil des siècles, des vaisseaux du roi y furent construits, des tanneries la polluèrent de leurs eaux sales, des industriels irresponsables la souillèrent affreusement. D'abord canalisée puis ganguée de béton, la rivière Saint-Charles reprend aujourd'hui un cours naturalisé, fruit d'un vaste programme de réhabilitation urbaine.

Pour l'Empire britannique

Capitale d'un Empire français, Québec fut aussi la perle d'un Empire britannique sur lequel le soleil ne se couchait jamais. En fait foi le monument consacré aux soldats de Québec morts dans les guerres menées par les Britanniques contre les Boers, dans la lointaine Afrique du Sud, aux premières heures du XXe siècle.

Le moulin Langelier

Cité militaire, certes, mais aussi ville de tâches quotidiennes, ville du bon pain que l'on produisait avec la farine provenant des moulins à eau ou à vent. Comme ce rescapé qui se dresse sur le boulevard Langelier, près de l'ancienne École technique et à proximité du monastère des Augustines. C'est à cet endroit que Champlain avait voulu créer Ludovica, ville hommage à son roi, Louis XIII.

Le domaine de Maizerets

Dans la Nouvelle-France du XVIIIe siècle, on savait bien vivre et bien construire. C'est d'ailleurs une impression de sérénité et de beauté pastorale que dégage le château de Maizerets, résidence des Messieurs du Séminaire au cœur du grand parc de Limoilou, à l'est de la Cité.

Un mur inexpugnable

Un îlot de verdure dans la Cité. Les fortifications de Québec, dont la base de terre battue atteint par endroits 30 mètres, sont aujourd'hui recouvertes d'un épais gazon qui les métamorphose en parc urbain. Sous l'ombre des ormes plantés au XIXe siècle par Joly de Lotbinière, premier ministre et arboriculteur, ces allées vertes dues au génie de Chaussegros de Léry font partie des promenades qui invitent à la découverte de l'âme de la « Gibraltar d'Amérique » chantée par Charles Dickens.

La Caravelle
RESTAURANT
la Caravelle
Auberge La Caravelle
RESTAURANT
CAFÉ DE PARIS
HOTEL
CHAMBRES

Rue Saint-Louis

Une des plus anciennes artères de Québec: la rue Saint-Louis va de l'ancien palais du gouverneur, le château Saint-Louis, jusqu'aux confins de la ville. C'est une rue de découvertes, de petits bonheurs, de solitude fugace et de paix, surtout l'hiver, lorsque les autocars de touristes sont repartis et que la neige durcie crisse sous les bottes du passant.

Québec, la belle d'Amérique

Le fleuve, le cap, l'hiver… Québec, la belle d'Amérique, se dresse sur son éperon rocheux, tandis que défilent à ses pieds les eaux indifférentes du fleuve impassible, égrenant les glaces concassées dans un silencieux fracas.

La redoute Dauphine

Capitale, ville fortifiée… Par les Français d'abord, puis par les Anglais. Témoin silencieux de leurs occupations successives : la redoute Dauphine, couverte de son blanc manteau d'hiver, au cœur du parc de l'Artillerie.

Pittoresque, le Petit-Champlain

Sous la neige, au pied de l'escalier Casse-Cou s'élance la pittoresque rue du Petit-Champlain. Sur la photo de gauche, on peut notamment y voir la maison où vécut Louis Joliet, l'explorateur des Grands Lacs et le découvreur du Mississippi. Autrefois peuplé d'Irlandais besogneux, minutieux, travailleurs de la construction navale et débardeurs, le quartier est aujourd'hui bellement animé en toute saison par des commerçants et des artisans

café bistro
café bistro
Cul-de-Sac

Les sentinelles de la côte de la Canoterie

Sur la rue des Remparts, ces canons de fonte coulés sous le règne de George IV ne menacent plus depuis bien longtemps. Ils montent toujours une garde silencieuse le long de l'une des rues bourgeoises les plus célèbres de Québec.

D'hier et d'aujourd'hui

Québec ancienne, Québec moderne. Le Musée de la civilisation, surplombé par le Château Frontenac, avoisine l'Auberge Saint-Antoine, un établissement raffiné qui, à l'origine, n'était qu'un simple entrepôt de commerce.

Place-Royale sous le cap

Blottis sous le cap Diamant, les maisons anciennes, les corniches, les lucarnes, les appentis, les rambardes et les galeries de Place-Royale sont dominés par l'édifice des Postes.

Le patron de Champlain

Gentilhomme huguenot et entrepreneur impénitent, Pierre Du Gua de Mons fut le bailleur de fonds et l'indissociable partenaire du grand Samuel de Champlain, aux premières heures de la Nouvelle-France. Son buste contemple aujourd'hui le fruit remarquable de leur rêve fou, depuis la terrasse Saint-Denis.

P
DE CE
COTE

La place de la Gare

Rue Saint-Paul, rue d'affaires, de commerces, de redéploiement… Cette vue de la place de la Gare démontre qu'il est possible de faire coexister dans une ville de 500 000 habitants une vie économique dynamique, des immeubles patrimoniaux conviviaux et des espaces verts uniques.

La place des Livernois

Au pied de la caractéristique côte de la Fabrique se dresse un petit monument qui rappelle que l'art de la photographie est aujourd'hui vieux d'un siècle et demi à Québec. Il honore la famille Livernois, dont le commerce d'appareils-photo se trouvait tout à côté, qui a immortalisé sur pellicule les travaux et les jours de cinq générations de Québécois.

COMMISSION DES CHAMPS DE
BATAILLE NATIONAUX

La Pucelle de Lorraine, Américaine

Facile de succomber au charme de Québec. Ce fut le cas d'un couple d'Américains de Philadelphie qui, en 1935, offrirent à la capitale cette statue de Jeanne d'Arc. Elle pare aujourd'hui un magnifique jardin au cœur du parc des Champs-de-Bataille, sur les plaines d'Abraham.

Le manège militaire de Taché

Plus vaste édifice à structure portante de l'Empire à la fin du XIXe siècle, le Manège militaire, œuvre d'Eugène-Étienne Taché, est toujours le théâtre des exercices militaires du plus ancien des régiments canadiens: les Voltigeurs de Québec.

Et la place de l'Hôtel-de-Ville

Si Québec est une ville de joie, elle est également une ville de foi, comme en témoignent ses nombreux immeubles religieux, dont le plus auguste est certes l'église primatiale du Canada: la basilique-cathédrale Notre-Dame de Québec, devant la place de l'Hôtel-de-Ville, d'où veille sur elle Elzéar-Alexandre Taschereau, son premier cardinal.

Le parlement brille de mille feux

L'Hôtel du Parlement a lui aussi été mis en lumière à l'occasion du passage au nouveau millénaire. Il symbolise plus que tout autre immeuble la fonction politique de la capitale de tous les Québécois. Sa façade ornementée présente en 26 statues de bronze les grands personnages de l'histoire nationale.

Laborantes, orantes

Quand le Vieux-Québec s'appelait encore le Quartier latin, c'est en ces mots que l'on distinguait la basse-ville des travailleurs de la haute-ville des communautés. À juste titre d'ailleurs puisque séminaristes, ursulines, jésuites, récollets, augustines s'y retrouvaient, suivis, après la Conquête, par les presbytériens, anglicans et méthodistes. Avec le renouveau catholique, de jeunes communautés de femmes et d'hommes vinrent s'y établir, à l'enseigne de cet oratoire consacré au Sacré-Cœur et qui, sur la rue Sainte-Ursule, semble saluer au quotidien la grande église Chalmers-Wesley, sa voisine d'en face.

Les nouvelles casernes

Plus ancienne construction conservée de la colonie française, les Nouvelles Casernes avoisinent l'Hôtel-Dieu de Québec et s'élancent sur près de 250 mètres. Elles hébergeaient les soldats, les officiers, les marins et les canonniers dépêchés par Louis XV à la défense du Canada, entre 1755 et 1759.

Une, deux, trois... Martello

Ville de garnison, ville de souvenirs... Sur les plaines d'Abraham, où s'est joué le sort du premier Empire français en 1759, se dressent deux des trois tours Martello ayant échappé au pic des modernistes. Le concept de ces ouvrages avancés de défense de Québec fut ramené de Méditerranée, où ils avaient défié l'impétuosité de la flotte de Nelson. PAGE 80

Au Morrin College, la vieille geôle

De soubassement en soubassement, de fondation en fondation... Voici les vestiges de ce qui fut en son temps une geôle exemplaire : l'ancienne prison de Québec, aujourd'hui connue sous le nom de Morrin Centre. Cette porte de cachot a probablement, durant de longues nuits en 1838, enfermé l'un des patriotes éminents de la capitale, le libraire Eugène-Étienne Parent, un homme de plume et d'esprit. PAGE 81

L'espace Saint-Louis

Sur l'espace Saint-Louis, ce monument marque depuis un siècle le sacrifice des Québécois morts pour l'Empire en Afrique du Sud. Aux pieds de l'impérial soldat de bronze, deux échiquiers attendent les joueurs.

Un souvenir de la mairesse

Héritage d'une mairesse qui avait voulu faire de son hôtel de ville un rempart contre les velléités d'annexion de sa puissante voisine, le complexe municipal Andrée-P.-Boucher héberge aujourd'hui les bureaux de l'arrondissement Sainte-Foy – Sillery d'une ville de Québec désormais unifiée et forte d'au-delà de 500 000 habitants.

Un joyau d'aujourd'hui dans un écrin d'hier

La salle Raoul-Jobin du Palais Montcalm est à l'avant-garde de la modernité, dans un immeuble pourtant vieux de soixante-quinze ans bien sonnés et qui a vu défiler au fil du temps les plus belles voix, les plus grands interprètes ainsi que les comédiens et les musiciens marquants du XXe siècle.

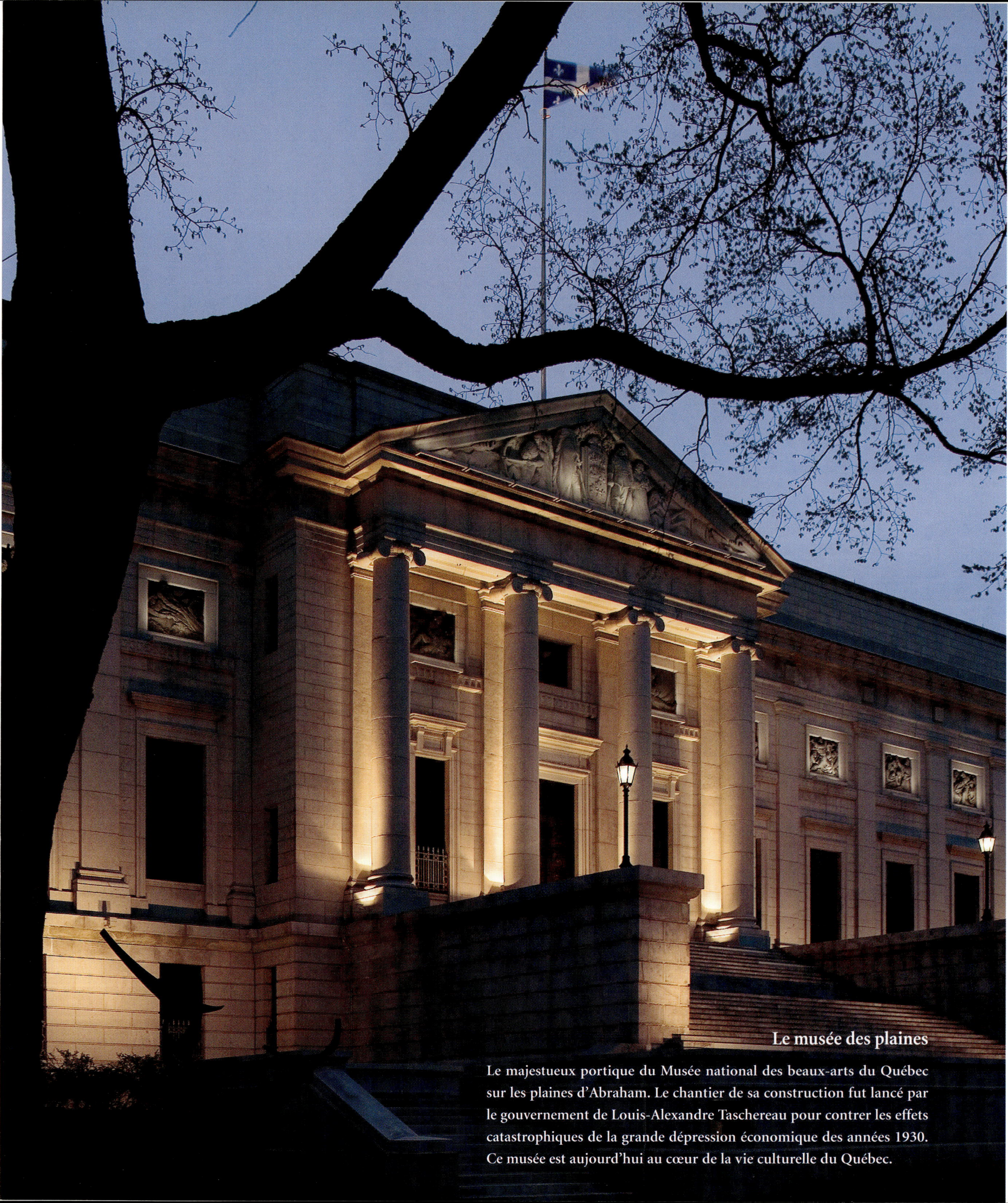

Le musée des plaines

Le majestueux portique du Musée national des beaux-arts du Québec sur les plaines d'Abraham. Le chantier de sa construction fut lancé par le gouvernement de Louis-Alexandre Taschereau pour contrer les effets catastrophiques de la grande dépression économique des années 1930. Ce musée est aujourd'hui au cœur de la vie culturelle du Québec.

Un joyau d’aujourd’hui dans un écrin d’hier

La salle Raoul-Jobin du Palais Montcalm est à l’avant-garde de la modernité, dans un immeuble pourtant vieux de soixante-quinze ans bien sonnés et qui a vu défiler au fil du temps les plus belles voix, les plus grands interprètes ainsi que les comédiens et les musiciens marquants du XXe siècle.

Le Phénix de Sainte-Foy

Tel un phénix émergeant de ses cendres, la vieille église de Sainte-Foy demeure le phare de sa communauté. Savamment mise en lumière à la tombée du jour, elle dresse toujours ses murs ravagés par l'incendie au cœur du vieux bourg, témoin de l'époque encore récente où Sainte-Foy n'était que l'une de ces paroisses agricoles qui déroulaient leurs arpents vers l'ouest, le long des rives du fleuve Saint-Laurent.

Saint-Charles-Borromée en lumière

Dotée d'un plan lumière ambitieux, la capitale d'aujourd'hui est aussi une ville de lumières qui, la nuit tombée, font chanter l'architecture des vieilles façades comme celle de l'église Saint-Charles-Borromée de Charlesbourg, attribuable à Thomas Baillairgé.

CI-CONTRE

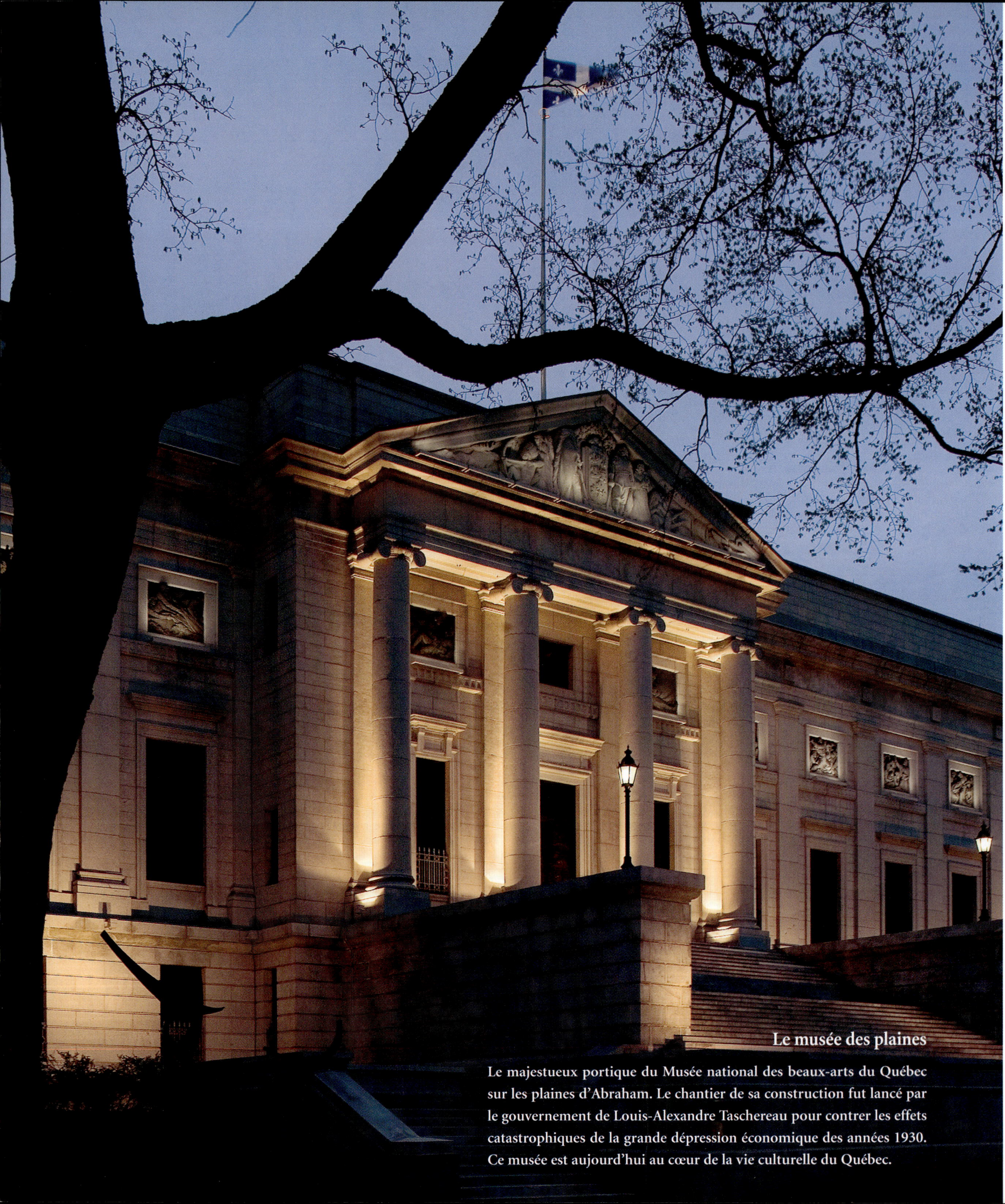

Le musée des plaines

Le majestueux portique du Musée national des beaux-arts du Québec sur les plaines d'Abraham. Le chantier de sa construction fut lancé par le gouvernement de Louis-Alexandre Taschereau pour contrer les effets catastrophiques de la grande dépression économique des années 1930. Ce musée est aujourd'hui au cœur de la vie culturelle du Québec.

La banque et la chapelle

Ville de foi, ville d'affaires… Là où s'est installé le Musée de l'Amérique française s'affairaient au siècle dernier les banquiers de la Provinciale, ancêtre de la Nationale, dans l'ombre du clocheton de la chapelle consacrée à Mgr François de Montmorency-Laval, premier évêque de Québec.

Le ciel embrasé de février

Le coucher de soleil sur le fleuve, sur l'hiver, sur la ville fièrement perchée… Un moment de beauté fulgurante quand se déclinent les teintes de rouge, d'orange et de jaune du soleil disparu à l'horizon.

QUÉBEC

AND ITS WONDERS

KEDL

MARQUIS
Marquis imprimeur inc.
Québec, Canada
2008